AF459516

MINISTÈRE DE LA GUERRE.

INSTRUCTION PROVISOIRE

DU

20 octobre 1867

SUR LE MANIEMENT

DU

FUSIL ET DE LA CARABINE

TRANSFORMÉS MODÈLE 1867

PARIS

LIBRAIRIE MILITAIRE

J. DUMAINE, LIBRAIRE-ÉDITEUR DE L'EMPEREUR,

RUE ET PASSAGE DAUPHINE, 30.

1870

Imprimerie de Cosse et J. Dumaine, rue Christine, 2.

INSTRUCTION PROVISOIRE

SUR LE MANIEMENT

du

FUSIL ET DE LA CARABINE

TRANSFORMÉS MODÈLE 1867

CHARGEMENT DE L'ARME.

Charge en cinq temps.

1. Le peloton étant au port d'armes, l'instructeur commandera :

1. *Charge en cinq temps.*
2. *Chargez* = VOS ARMES.

Un temps et deux mouvements.

Premier mouvement.

2. Elever l'arme avec la main droite, la saisir avec la main gauche à hauteur de la hausse *(pour la carabine:* un peu en avant de la hausse) faire un demi-à-droite sur le talon gauche en portant le pied droit à 30 centimètres en arrière et à 25 sur la droite.

NOTA.—Toute la partie du texte qui n'est pas l'explication d'un commandement ne devra pas être apprise littéralement.

Deuxième mouvement.

3. Abattre l'arme avec les deux mains, le pouce de la main gauche allongé le long du bois, l'extrémité des autres doigts ne dépassant que légèrement les bords de la monture, sans toucher le canon, la crosse sous l'avant-bras droit, la poignée de l'arme contre le corps, à environ 10 centimètres au-dessous du téton droit, le bout du canon à hauteur de l'épaule; placer le pouce de la main droite sur la crête du chien, les autres doigts en arrière et contre la sous-garde, le coude légèrement levé.

ARMEZ.

Un temps et un mouvement.

4. Armer en faisant sonner distinctement la gâchette, porter la main droite à la culasse mobile, le pouce sous la crête, les autres doigts réunis sur la culasse.

Ouvrez=LE TONNERRE.

Un temps et deux mouvements.

Premier mouvement.

5. Faire effort avec le pouce de la main droite et soulever la culasse mobile.

Deuxième mouvement.

6. Ramener avec la main droite la culasse mobile en arrière pour retirer l'étui de la cartouche tirée, faire tomber cet étui à l'aide du premier doigt; porter la main droite à la giberne et saisir la cartouche par l'étui.

7. La première partie de ce mouvement ne sera

exécutée que lorsqu'il y aura un étui de cartouche à retirer.

Cartouche = DANS LE CANON.

Un temps et un mouvement.

8. Porter la cartouche dans la boîte de culasse, la balle en avant ; l'introduire complétement dans la chambre en l'accompagnant avec le pouce, et saisir la culasse mobile avec la main droite, le pouce sur la crête.

Fermez = LE TONNERRE.

Un temps et un mouvement.

9. Rabattre la culasse mobile à gauche pour fermer le tonnerre et saisir l'arme à la poignée avec la main droite.

10. La charge en cinq temps pourra être exécutée en partant de la position du soldat reposé sur l'arme; l'instructeur commandera :

1. *Charge en cinq temps.*
2. *Chargez* = VOS ARMES.

Un temps et deux mouvements.

Premier mouvement.

11. Elever l'arme, la main droite à hauteur de l'épaule, la saisir de la main gauche à hauteur de la hausse (*pour la carabine* : un peu en avant de la hausse), descendre la main droite à la poignée ; faire en même temps un demi-à-droite sur le talon gauche et se fendre à 30 centimètres en arrière et à 25 sur la droite.

Deuxième mouvement.

12. Comme il est prescrit à l'article 3.

13. Deuxième, troisième, quatrième et cinquième temps, comme il est prescrit aux articles 4, 5, 6, 7, 8 et 9.

14. Les armes étant chargées, si l'instructeur ne veut pas faire commencer le feu immédiatement, il commandera :

DÉSARMEZ

Un temps et deux mouvements.

Premier mouvement.

15. Fixer les yeux sur la culasse, placer le pouce de la main droite en travers sur le chien, le premier doigt sur la détente, les autres en arrière et contre la sous-garde.

Deuxième mouvement.

16. Presser sur la détente pour dégager la noix, conduire le chien au cran de sûreté et saisir l'arme à la poignée avec la main droite.

17. Si l'instructeur veut faire porter les armes, il commandera :

Portez = VOS ARMES.

Un temps et un mouvement.

18. Redresser vivement l'arme en revenant face en tête et prendre la position du port d'armes.

Charge à volonté.

19. La charge à volonté s'exécute comme la charge en cinq temps, sans s'arrêter sur aucun temps.

20. Le peloton étant au port d'armes ou reposé sur les armes, l'instructeur commandera :

1. *Charge à volonté.*
2. *Chargez*=VOS ARMES.

21. Les armes étant chargées, si l'instructeur veut les faire porter, il commandera :

Portez=VOS ARMES.

22. Au commandement de *portez,* désarmer, saisir l'arme à la poignée ; au commandement de *vos armes,* revenir face en tête, redresser l'arme et prendre la position du port d'armes.

Observations.

23. Autant que possible, les armes ne devront être chargées qu'au moment où l'on voudra faire feu.

24. La charge s'effectuant dans la position d'apprêtez vos armes, on ne reviendra au port d'armes que par un commandement.

25. Il est nécessaire, pour la bonne exécution de la charge et des feux, que les hommes aient l'aisance des coudes dans le rang.

26. Si, après un coup tiré, il est difficile d'ouvrier le tonnerre, faire jouer le percuteur avec les doigts, et laisser au besoin retomber le chien sur la tête du percuteur. Dans le cas très-rare où, le tonnerre étant ouvert, l'extraction de l'étui ne pourrait être effectuée par le tire-cartouche, on emploierait la baguette.

27. Le déchargement de l'arme s'opère comme il est prescrit pour retirer l'étui d'une cartouche tirée.

POINTAGE.

28. Arrivés à ce degré d'instruction, les hommes

seront exercés au pointage, car il est très-important qu'ils ne mettent jamais en joue sans viser un point déterminé.

POSITIONS DU TIREUR.

29. Les positions suivantes sont identiquement celles qui sont enseignées dans l'instruction sur le tir.

Position du tireur debout.

30. Les hommes étant dans la position du 5e temps de la charge, l'instructeur commandera :

1. *A tant de mètres.*

31. A ce commandement, disposer la hausse pour la distance indiquée, reprendre la position et placer le premier doigt de la main droite en avant de la détente, sans la toucher.

2. JOUE.

Un temps et un mouvement.

32. Elever l'arme avec les deux mains sans brusquer le mouvement, le corps restant d'aplomb, la tête droite; appuyer la crosse contre l'épaule, le coude gauche abattu, le droit à hauteur de l'épaule ; fermer l'œil gauche et diriger la ligne de mire sur le but en penchant le moins possible la tête à droite.

Observations.

33. En appuyant la crosse contre l'épaule, on diminue le recul et on obtient une plus grande stabilité qu'en cherchant uniquement à soutenir

l'arme. — Dans ce mouvement, la main droite doit maintenir solidement l'arme à la poignée, le premier doigt de cette main conservant toute son indépendance. Le coude gauche doit être abattu pour soutenir l'arme avec moins de fatigue ; le coude droit doit être à hauteur de l'épaule afin d'amener la ligne de mire à hauteur de l'œil sans trop baisser la tête pour aller la chercher.

Pendant tout le temps que l'homme est en joue, il doit s'efforcer de maintenir la ligne de mire sur le point visé en retenant sa respiration et commencer à fermer le doigt pour le mettre en contact avec la détente.

3. Feu.

Un temps et un mouvement.

34. Faire partir le coup en achevant de fermer le doigt sans effort, la tête restant droite et le corps immobile.

4. Chargez.

Un temps et un mouvement.

35. Retirer vivement l'arme, prendre la position du deuxième mouvement du premier temps de la charge, et exécuter la charge à volonté.

36. Lorsque, après avoir tiré, l'instructeur, au lieu de faire charger les armes, voudra les faire porter, il commandera :

Portez=VOS ARMES.

Un temps et un mouvement.

37. Au commandement de *portez*, prendre la position du deuxième mouvement du premier temps de la charge, retirer l'étui de la cartouche

tirée, mettre le chien au cran de sûreté et saisir l'arme à la poignée; au commandement de *vos armes*, porter les armes en revenant face en tête.

38. Les soldats étant dans la position de joue, lorsque l'instructeur ne voudra pas faire exécuter le feu, il commandera :

Replacez=VOS ARMES.

Un temps et un mouvement.

39. Au commandement de *replacez*, retirer le doigt de dessus la détente; au commandement de *vos armes*, reprendre la position du cinquième temps de la charge.

40. L'arme étant chargée, le chien au cran de sûreté et l'homme au port d'armes ou reposé sur l'arme, l'instructeur commandera :

1. *Position du tireur debout.*
2. *Apprêtez*=VOS ARMES.

Un temps et trois mouvements.

Premier et deuxième mouvements.

41. Comme les deux mouvements du premier temps de la charge.

Troisième mouvement.

42. Armer et saisir l'arme à la poignée avec la main droite, la deuxième phalange du premier doigt en avant de la détente, sans la toucher.

Position du tireur à genou.

43. L'homme étant au port d'armes, l'instructeur commandera :

1. *Position du tireur à genou.*
2. *Apprêtez*=VOS ARMES.

Un temps et trois mouvements.

Premier mouvement.

44. Faire un demi-à-droite sur le talon gauche, porter le pied droit à environ 35 centimètres en arrière et à 16 centimètres à gauche du talon gauche, suivant la taille de l'homme, saisir en même temps le fourreau de la baïonnette ou du sabre-baïonnette avec la main gauche et le ramener en avant, les épaules effacées et la tête directe.

Deuxième mouvement.

45. Mettre le genou droit à terre, poser la crosse à terre sans frapper, s'asseoir sur le talon droit, placer le fourreau le bout en avant, saisir l'arme avec la main gauche à hauteur du pied de la hausse et avec la main droite à la poignée.

Troisième mouvement.

46. Abattre l'arme avec les deux mains, l'avant-bras appuyé sur la cuisse gauche, la crosse touchant la cuisse droite, armer et saisir l'arme à la poignée avec la main droite, la deuxième phalange du premier doigt en avant de la détente sans la toucher.

Portez=VOS ARMES.

47. Au commandement de *portez*, mettre le chien au cran de sûreté, et reprendre la position du deuxième mouvement du temps d'apprêtez vos armes; au commandement de *vos armes*, se relever, revenir face en tête et reprendre la position du port d'armes.

48. Lorsque les tireurs sauront bien exécuter les trois mouvements du temps d'apprêtez vos armes, l'instructeur les exercera à mettre en joue dans la position à genou ; à cet effet, il commandera :

1. *A tant de mètres.*

49. A ce commandement, les hommes disposeront la hausse.

2. JOUE.

Un temps et un mouvement.

50. Placer le coude gauche sur la cuisse et près du genou, faire glisser en même temps l'arme dans la main gauche qui viendra se placer contre le pontet, le poignet légèrement en dedans, l'arme maintenue entre le pouce et les quatre doigts réunis contre la monture, appuyer la crosse contre l'épaule, placer la main droite et prendre la ligne de mire comme dans la position debout, art. 31 et 32.

3. FEU.

51. Le feu s'exécutera comme à l'article 34.

4. CHARGEZ.

52. Retirer l'arme et charger dans la position du 3e mouvement d'apprêtez vos armes, article 46.

53. Les soldats étant dans la position de joue, lorsque l'instructeur ne voudra pas faire exécuter le feu, il commandera :

Replacez=VOS ARMES.

Un temps et un mouvement.

54. Reprendre la position du troisième mouve-

ment du temps d'apprêtez vos armes, article 46.

Tir dans la position couchée.

55. Le tir dans la position couchée offre de grands avantages, car cette position permet au soldat de se dérober presque entièrement au feu de l'ennemi, tandis qu'il peut tirer lui-même avec une grande précision, en appuyant son arme.

56. Le tir couché est particulier aux tirailleurs.

57. Pour l'exécuter, se coucher sur le ventre, mettre en joue, les deux coudes servant d'appui, faire feu ; charger en s'appuyant sur l'avant-bras gauche.

58. Le soldat prend la position du tireur couché lorsqu'il ne se présente pas d'obstacles naturels à l'aide desquels il puisse s'abriter ou trouver un appui pour son arme ; il choisit toujours l'attitude la plus commode selon la disposition des lieux.

59. Le bout du canon ne doit jamais être appuyé à terre, tout corps étranger introduit dans l'arme, surtout près de la bouche, pouvant amener la rupture du canon.

FEUX D'ENSEMBLE, A VOLONTÉ ET A COMMANDEMENT.

FEUX EXÉCUTÉS PAR UN PELOTON.

Feux à volonté

60. Les feux sont exécutés dans les positions debout et à genou.

Feux à volonté dans la position debout.

61. Les hommes étant au port d'armes ou reposés sur les armes, les armes chargées ou non, l'instructeur commandera :

1. *Feu à volonté.*
2. *Peloton.*
3. ARMES.
4. *A tant de mètres.*
5. COMMENCEZ LE FEU.

62. Au deuxième commandement, les hommes du second rang appuieront à droite, de manière à se trouver en face du créneau par lequel ils devront tirer.

63. Au commandement de *armes*, les deux rangs chargeront leurs armes si elles ne le sont déjà, et prendront la position d'*apprêtez* = VOS ARMES, art. 42. Ces règles sont générales pour tous les feux.

64. Au quatrième commandement, les hommes disposeront la hausse, art. 31.

65. Au cinquième commandement, ils mettront en joue, viseront attentivement, feront feu, retireront leurs armes, les chargeront et continueront à tirer sans se régler sur leurs voisins.

66. Si la fumée vient à cacher le but, ils auront toujours soin de diriger la ligne de mire à bonne hauteur.

67. Au roulement ou à la sonnerie de *cessez le feu*, les hommes cesseront de tirer ; ceux qui auront fait feu chargeront leurs armes ; ils mettront tous le chien au cran de sûreté et porteront les armes.

68. L'instructeur attendra que toutes les armes soient portées pour faire donner le coup de baguette ou le coup de langue. A ce signal, les hommes du second rang se placeront derrière leurs chefs de file.

Feux à volonté dans la position à genou.

69. Les hommes étant au port d'armes, les armes chargées ou non, l'instructeur commandera :

1. *Feu à volonté à genou.*
2. *Peloton.*
3. ARMES.
4. *A tant de mètres.*
5. COMMENCEZ LE FEU.

70. Au deuxième commandement, les hommes du second rang se placeront en face de leurs créneaux.

71. Au commandement de *armes*, les deux rangs prendront la position d'*apprêtez* = vos

ARMES à genou, art. 44, 45 et 46, et chargeront leurs armes si elles ne le sont déjà.

72. Le feu sera exécuté comme il est prescrit aux articles 64 et 65.

73. Au roulement, les hommes resteront à genou, chargeront s'ils ont fait feu, mettront le chien au cran de sûreté, redresseront les armes, la crosse à terre, le bout du canon en l'air.

74. L'instructeur attendra que les armes soient redressées pour faire donner le coup de baguette ou le coup de langue ; à ce signal, les hommes se relèveront, porteront les armes et reprendront leur place dans le rang.

Feux à commandement.

Feu de peloton.

75. L'instructeur commandera :

1. *Feu de peloton.*
2. *Peloton.*
3. ARMES.
4. *A tant de mètres.*
5. JOUE.
6. FEU.
7. CHARGEZ.

76. Les trois premiers commandements s'exécuteront comme il a été prescrit pour les feux à volonté dans la position debout.

77. Au commandement *à tant de mètres*, les hommes du peloton disposeront la hausse.

78. Les cinquième, sixième et septième commandements s'exécuteront comme il a été prescrit aux articles 32, 34, 35.

79. L'instructeur fera continuer le feu par les commandement de :

1. *Peloton.*
2. Joue.
3. Feu.
4. Chargez.

80. Le commandement *A tant de mètres* ne sera répété que lorsqu'il sera nécessaire de changer la hausse. Le feu continuera ainsi jusqu'au roulement.

81. Si l'instructeur veut faire exécuter le feu de peloton dans la position à genou, il commandera :

1. *Feu de peloton à genou.*
2. *Peloton.*
3. Armes.
4. *A tant de mètres.*
5. Joue.
6. Feu.
7. Chargez.

82. Les trois premiers commandements s'exécuteront comme il a été expliqué pour les feux à volonté dans la position à genou, art. 70 et 71, les autres comme dans les feux de peloton debout, art. 78.

83. Le feu continuera par les mêmes commandements que dans les feux de peloton debout, art. 79, et cessera comme il est prescrit, pour les feux à volonté dans la position à genou, art. 74.

Observations relatives à tous les feux.

84. Les feux, comme les tirs individuels, s'exécuteront toujours sans que la baïonnette soit au bout du canon.

85. Au roulement ou à la sonnerie de *cessez le feu*, les hommes cesseront de tirer, chargeront dans la position debout ou dans la position à genou, suivant qu'ils auront exécuté le feu dans l'une ou l'autre de ces deux positions, et désarmeront. Les hommes qui auront tiré debout porteront les armes ; ceux qui auront tiré à genou resteront dans la position du deuxième mouvement du temps d'*apprêtez* = VOS ARMES.

86. L'instructeur ne fera donner le coup de baguette ou le coup de langue que lorsqu'il ne verra plus une seule arme dans la direction horizontale.

87. Ces prescriptions ont pour but d'éviter toutes les chances d'accident.

88. Le commandement d'avertissement qui indique la distance sera séparé de celui de *joue* par un intervalle suffisant pour que les tireurs aient le temps de disposer la hausse.

89. Dans les feux de peloton, le commandement de *feu* devra être fait trois secondes environ après celui de *joue*.

90. Pour mesurer l'intervalle convenable à laisser entre ces deux commandements, l'officier qui dirigera le feu pourra compter mentalement un, deux, trois, quatre, sur la cadence du pas accéléré : ce moyen, qui ne peut être qu'une simple indication, paraît propre à mettre de l'uniformité dans le commandement et à empêcher une trop grande précipitation, toujours nuisible à la justesse du tir.

91. Quand le feu est bien exécuté, on n'entend qu'une seule détonation ; pour obtenir à la fois la simultanéité des coups et l'efficacité du tir, il faut laisser aux hommes le temps de viser et leur faire pressentir, en employant une cadence invariable, le moment précis où ils entendront le commandement de *feu*.

92. On évitera de laisser les hommes trop longtemps en joue, car ils se fatiguent et cessent de viser.

93. Il est possible de faire des feux sur quatre rangs en plaçant deux pelotons l'un derrière l'autre, le premier à genou et le second debout.

94. Il ne faut pas perdre de vue que le feu le plus rapide de toute arme se chargeant par la culasse ne doit être employé que dans de rares circonstances; habituellement on devra modérer la vitesse du tir, tant pour assurer sa justesse que pour ménager les munitions.

Nota.—Aux petites distances, on peut employer les feux à volonté ; aux grandes distances les feux à commandement paraissent préférables.

FEUX EXÉCUTÉS PAR UN BATAILLON.

Règles générales.

95. Les règles déjà posées pour les feux d'un peloton sont toutes applicables à ceux d'un bataillon.

96. Les feux pourront être exécutés debout et à genou.

97. Le commandement de *joue* sera toujours

précédé de l'indication de la distance. Le chef de bataillon aura soin de laisser aux hommes le temps nécessaire pour disposer les hausses.

98. Il laissera entre le commandement de *joue* et celui de *feu* un intervalle de trois secondes environ.

99. Autant que possible, on évitera de charger les armes à l'avance.

Feux de peloton.

100. Le chef de bataillon commandera :

1. *Feu de peloton.*
2. *A tant de mètres.*
3. COMMENCEZ LE FEU.

101. Les chefs de peloton se conformeront à ce qui est prescrit pour le feu d'un peloton isolé, que les armes soient chargées ou non.

102. Les pelotons divisionnaires feront feu alternativement, comme si la division était isolée.

103. Les chefs de peloton éviteront de précipiter leurs commandements, car la rapidité du chargement assure la vivacité du feu, et c'est au maintien de l'ordre et du calme qu'il faut surtout s'attacher.

Feu de demi-bataillon.

104. Le chef de bataillon commandera :

1. *Feu de demi-bataillon.*
2. *Bataillon.*
3. ARMES.
4. *Demi-bataillon de droite.*
5. *A tant de mètres.*
6. JOUE.
7. FEU.
8. CHARGEZ.

105. Au deuxième commandement, les hommes du deuxième rang, dans tout le bataillon, se placeront en face de leurs créneaux ; au commandement de *armes*, ils chargeront leurs armes si elles ne le sont déjà et prendront la position d'*apprêtez* = VOS ARMES, art. 42.

106. Les feux alterneront ensuite par demi-bataillon.

Feu de bataillon.

107. Le chef de bataillon commandera :

1. *Feu de bataillon.*
2. *Bataillon.*
3. ARMES.
4. *A tant de mètres.*
5. JOUE.
6. FEU.
7. CHARGEZ.

Feu à volonté.

108. Le chef de bataillon commandera :

1. *Feu à volonté.*
2. *Bataillon.*
3. ARMES.
4. *A tant de mètres.*
5. COMMENCEZ LE FEU.

109. Les pelotons exécuteront leur feu comme s'ils étaient isolés ; le feu cessera au roulement.

Feux dans la position à genou.

110. Les règles prescrites pour les feux d'un peloton isolé dans la position à genou sont applicables à un bataillon. Le chef de bataillon fera suivre le premier commandement de l'indication : *à genou.*

APPENDICE.

POINTAGE ET RÈGLES DE TIR.

Pointage sur chevalet.

L'instruction du pointage est divisée en trois articles :

Article 1er. Pointage sur chevalet avec la ligne de mire de 200 mètres.

Article 2. Théorie sommaire du tir, étude de la hausse.

Article 3. Pointage avec une ligne de mire quelconque. Règles de tir.

Nota.—Les hommes n'ont pas de sac et ne mettent pas la baïonnette au bout du canon.

Article 1er.

Pointage sur chevalet avec la ligne de mire de 200 mètres.

L'instructeur réunit huit hommes au plus. Il place un fusil sur le chevalet de pointage (1) et dirige la ligne de mire de 200 mètres sur un point des murs ou des fenêtres marqué par un pain à

(1) On peut remplacer le chevalet de pointage par un sac à terre placé, soit sur un banc, soit sur un faisceau, soit sur trois bâtons liés ensemble de manière à former un faisceau.

cacheter ou de toute autre manière ; il a le soin de placer la hausse et le guidon de telle sorte que ces parties de l'arme ne penchent ni à droite ni à gauche.

L'instructeur montre aux hommes *les deux points qui déterminent la ligne de mire, c'est-à-dire le sommet du guidon et le fond du cran de la hausse* ; il leur explique que, pour pointer, il suffit de mettre ces deux points et celui que l'on doit viser sur le même alignement ; que, par conséquent, il ne faut pas regarder ces trois points avec les deux yeux, mais avec un seul, l'œil droit, en fermant pour cela l'œil gauche.

L'instructeur prescrit ensuite aux hommes de regarder, l'un après l'autre et en se plaçant en arrière de la crosse sans la toucher, le fond du cran de la hausse, le sommet du guidon et le milieu du pain à cacheter sur lequel la ligne de mire a été préalablement dirigée et de s'assurer par eux-mêmes que ces trois points sont bien sur le même alignement. L'instructeur, après avoir dérangé le fusil, prescrit successivement à chaque soldat de viser le point désigné. Il vérifie le pointage, indique à chaque homme, s'il y a lieu, les erreurs qu'il a commises, en lui faisant voir que la ligne de mire n'est plus dirigée convenablement et qu'elle passe au-dessus ou au-dessous, à droite ou à gauche du point qu'il fallait viser. Après avoir rectifié le pointage exécuté par chaque soldat, l'instructeur a soin de déranger le fusil.

Les hommes pointent en se plaçant en arrière de la crosse et en faisant mouvoir l'arme avec la main droite.

L'instructeur répète ensuite le même exercice ;

mais au lieu de rectifier d'abord par ses propres yeux le pointage exécuté à tour de rôle par chaque soldat, il le fait vérifier successivement par tous les autres, en demandant à chacun si la ligne de mire passe à droite ou à gauche, au-dessus ou au-dessous du point désigné. Lorsque tous les hommes ont exprimé leur opinion, l'instructeur donne la sienne et corrige ainsi toutes les erreurs qui auraient pu être commises. L'instructeur fait recommencer cet exercice autant de fois qu'il est nécessaire; il signale aux officiers de la compagnie le degré d'intelligence qu'a montré chaque homme dans cet exercice.

Deux séances de deux heures ou quatre séances d'une heure, consacrées uniquement au pointage sur chevalet, suffiront à la rigueur pour l'instruction de la généralité des jeunes soldats.

Il faut au moins une séance de deux heures ou deux séances d'une heure pour s'assurer, chaque année, que les anciens soldats n'ont pas oublié l'exercice du pointage. Quand le terrain le permettra, on fera viser le centre du cercle noir d'une cible réglementaire placée à 200 mètres.

Observations.

Quelques hommes parviennent difficilement à fermer l'œil gauche; on les y exercera jusqu'à ce qu'ils arrivent à le fermer sans effort, car c'est alors seulement que la vision de l'œil droit est parfaitement nette.

L'opération de diriger la ligne de mire sur un point est complexe : pour pointer, il faut placer avec l'œil le cran de mire, le guidon et le point à viser dans la même direction; quelque prompt que soit un tireur pour exécuter cette opération, il doit la faire dans un ordre méthodique, c'est-à-dire que, sans se préoccuper du but, il doit d'abord mettre son œil dans le prolongement de la ligne de mire, puis faire mouvoir l'arme, son œil restant lié aux mouvements de la ligne de mire pour amener cette ligne à passer par le point déterminé.

La première de ces deux opérations, prendre la ligne de mire, mérite une attention toute particulière de la part du tireur; il faut, en effet, observer qu'il est matériellement impossible de mettre son œil sur le prolongement de la ligne qui passe par le fond du cran de mire et le sommet du guidon, car le guidon est alors complétement caché par la hausse.

Pour l'apercevoir, il faut élever légèrement l'œil au-dessus de cette ligne, de manière qu'une certaine quantité de guidon se détache dans le fond du cran de mire; cette quantité de guidon est variable avec les tireurs, la majorité vise cependant à guidon demi-plein ; c'est cette manière de viser que les instructeurs auront soin d'indiquer aux jeunes soldats.

Enfin, le tireur doit diriger la ligne de mire de manière à bien découvrir le but.

Article 2.

1° *Théorie sommaire du tir, étude de la hausse.*

Tout corps, quelles que soient du reste sa direction initiale et la force avec laquelle il est lancé, finit toujours par retomber à terre ; mais la distance à laquelle il tombe du point de départ est variable avec l'angle de départ et la force d'impulsion; *cette distance est ce qu'on nomme la portée.*

Le trajet que parcourt le corps pour arriver à terre et aussi variable avec ces deux éléments ; mais, dans tous les cas, ce trajet est une ligne courbe, ainsi qu'on peut s'en rendre compte en lançant des pierres ou des objets quelconques ; cette ligne parcourue s'appelle *trajectoire*.

Reportons-nous à ce que fait un homme qui veut atteindre un but avec une pierre : il commence par mesurer de l'œil la distance qui le sépare de ce but ; puis il combine la force dont il dispose avec la direction en hauteur qu'il va donner à cette pierre ; il fait varier cette direction en raison de l'éloignement du but, car il sait par expérience que, plus ce but est éloigné, plus le corps devra s'élever, dans certaines limites, pour venir l'atteindre.

C'est le même fait qui se produit dans un fusil où, la balle s'élevant d'abord graduellement par rapport à la ligne de mire, s'en rapproche ensuite pour venir la rejoindre après avoir décrit sa trajectoire, et le point où elle la rejoint est d'autant plus éloigné que la balle se sera élevée davantage par rapport à ligne de mire.

On voit par là que, pour augmenter la portée, il faut augmenter l'angle que forme le canon avec la ligne de mire ; la portée d'une balle varie donc avec l'inclinaison que l'on donne au canon par rapport à la ligne de mire, et à chaque distance correspond une inclinaison déterminée.

Les hausses dont sont pourvus les fusils servent précisément à régler cette inclinaison ; suivant que le cran de mire est plus ou moins élevé le long de la planche, le canon a une inclinaison plus ou moins grande.

Afin que les hommes soient bien pénétrés de

cette vérité, l'instructeur fera placer un fusil sur un chevalet ; il montrera où aboutissent les différentes lignes de mire sur une cible placée à une certaine distance (20 mètres environ) et il fera remarquer qu'en visant le même point de la cible avec les différentes lignes de mire, le bout du canon s'élève d'autant plus que la hausse dont on se sert est plus grande et correspond à une distance plus considérable.

Le même exercice servira à montrer aux hommes que la cible sera atteinte d'autant plus haut ou d'autant plus bas que la hausse employée sera plus forte ou plus faible, et on s'efforcera de leur faire comprendre que si la hausse dont on se sert était trop forte ou trop faible, ou si elle n'existait pas, on pourrait encore atteindre ce but en visant alors des quantités convenables soit au-dessous, soit au-dessus.

2e *Maniement de la hausse.*

Au commandement d'avertissement qui indique la distance, disposer la hausse. A cet effet, la laisser couchée ou la lever suivant le cas : et pour les hausses munies de curseur, saisir les bords de ce curseur avec le pouce et le premier doigt de la main droite et le faire jouer pour l'amener à la place qu'il doit occuper.

Quand on devra porter les armes, on rabattra la hausse après avoir désarmé.

On consacrera à l'exécution de cet article au moins une séance de deux heures ou deux séances d'une heure, pour les anciens comme pour les jeunes soldats.

Article 3.

1° *Pointage avec une ligne de mire quelconque.* 2° *Règles de tir.*

1° Lorsque les hommes connaîtront l'utilité de la hausse, l'instructeur leur apprendra à pointer aux différentes distances, en s'occupant d'abord de celles qui sont indiquées sur la hausse et en employant ensuite les distances intermédiaires; l'instructeur commandera :

1. *A tant de mètres.*
2. Joue.

Trois séances de deux heures chacune ou six séances d'une heure seront consacrées à cet exercice pour les jeunes soldats. Trois séances d'une heure suffiront pour les anciens.

2° *Règles de tir pour le fusil.*

HAUSSES EMPLOYÉES.	DISTANCES.	POINT VISÉ.
Avec la hausse de 200m, à	100m viser. . . .	les pieds.
	150m *id.* . . .	les genoux.
	200m *id.* . . .	*la ceinture.*
	250m viser. . . .	la tête.
Avec la hausse de 400m, à	350m viser. . . .	les jambes.
	400m *id.* . . .	*la ceinture.*
	450m viser. . . .	le sommet de la coiffure.
Avec la hausse de 600m, à	600m viser. . . .	*la ceinture.*

3° *Règles de tir pour la carabine.*

Viser le centre du but ou la ceinture d'un homme :

1° Jusqu'à 150 mètres avec la mire de 150 m.

2° Entre 150 et 250 m. avec la mire de 250 m.

3° Entre 250 et 350 m. avec la mire de 350 m.

4° Pour toutes les distances plus grandes que 350 mètres, élever le curseur jusqu'à ce que le bord supérieur arrive au trait qui marque la distance estimée. (Les hausses ainsi prises sont généralement un peu faibles. Dans un tir à la cible on prendra la hausse correspondant à la distance augmentée de 1/10e.)

Observations.

On donne l'instruction du pointage en faisant comprendre aux hommes que le but est censé placé aux distances pour lesquelles on leur fait appliquer les règles de tir. Il est bon, cependant, si le terrain le permet, de les exercer aussi à pointer sur des cibles placées réellement aux distances indiquées.

NOMENCLATURE, DÉMONTAGE, REMONTAGE ET ENTRETIEN DU FUSIL D'INFANTERIE TRANSFORMÉ MODÈLE 1867.

PREMIÈRE PARTIE.

NOMENCLATURE DU FUSIL D'INFANTERIE TRANSFORMÉ MODÈLE 1867.

Le fusil d'infanterie transformé modèle 1867 peut se diviser en cinq parties principales qui sont :

1° Le canon ;
2° La platine ;
3° La monture ;
4° Les garnitures ;
5° La baïonnette.

1° CANON.

Le canon comprend trois parties :

1° Le canon proprement dit ;
2° La boîte de culasse ;
3° La culasse mobile.

Canon. — A l'intérieur on distingue : la bouche, l'âme, le tonnerre, la chambre qui reçoit la cartouche, les quatre rayures inclinées de gauche à droite en faisant un tour sur 2 mètres. Le calibre de l'arme est de $17^{mm}8$.

A l'extérieur du canon :

Le guidon servant à viser ;

Le tenon servant à fixer la baïonnette ; dans la carabine le tenon est accompagné d'une directrice ;

Les pans ;

Le bouton fileté qui se visse dans la boîte de culasse et forme une partie du logement du tire-cartouche.

La hausse qui comprend cinq pièces, savoir :

1° Le pied ;

2° Le ressort ;

3° La vis de ressort ;

4° La planche coudée qui porte 3 crans de mire, un pour la distance de 200 mètres sur le petit côté, et 2 pour les distances de 400 mètres et 600 mètres sur le grand côté. Le trou carré servant à viser à 400 mètres. L'œil de la planche, le talon de la planche ;

5° La vis de planche.

Dans la hausse de la carabine il n'y a pas de vis de ressort ; la planche est graduée sur ses deux côtés ; elle porte un curseur mobile. La vis de planche est remplacée par une goupille.

2° *Boîte de culasse.*

La boîte de culasse se compose de six pièces, savoir :

1° Le corps de la boîte dans lequel on remarque : l'écrou, l'oreille antérieure percée d'un trou pour la vis-arrêtoir de broche, le logement du tire-cartouche, le logement de la culasse mobile, échancré des deux côtés, le côté droit servant de guide pour le tire-cartouche, le guide-cartouche et ses deux rivets. Les remparts : celui de droite sert d'oreille postérieure pour la broche; dans celui de gauche se trouve le logement du bouton-arrêt de la culasse mobile, du ressort du bouton-arrêt et de la vis-bouchon.

Les deux remparts sont séparés par un évidement destiné à faciliter le placement et l'extraction de la cartouche ou de son étui.

La queue de culasse recourbée et son trou fraisé;

2° Le bouton-arrêt : la tige, la tête;

3° Le ressort du bouton-arrêt;

4° La vis-bouchon;

5° La broche qui sert à réunir la culasse mobile à la boîte : la tige, le trou pour la vis-arrêtoir, la tête et son échancrure;

6° La vis-arrêtoir de broche, sa tige filetée sur une partie seulement.

3° *Culasse mobile.*

La culasse mobile se compose de six pièces, savoir :

1° Le corps de la culasse mobile. On y distingue :

La tranche antérieure sur laquelle vient déboucher le canal du percuteur, son chanfrein. — La tranche postérieure avec le trou pour le bouton-arrêt et le plan incliné pour le trou d'entrée du percuteur. — L'échancrure pour le logement du guide-cartouche, l'évidement. — Les œils de la charnière, le talon qui en limite le mouvement. — La crête quadrillée. — Le logement incliné du percuteur et de son ressort. — Le trou taraudé de la vis-arrêtoir de percuteur;

2° Le percuteur, sa tige formée de deux cylindres de diamètres différents et raccordés; sur le premier cylindre, qui doit produire la percussion sur la capsule, est monté un ressort à boudin destiné à ramener le percuteur en place; — sur le second, on remarque le collet dans lequel agit la vis-arrêtoir de percuteur. On distingue en outre, dans le percuteur: la tête, sa gorge et son quadrillage;

3° Le ressort de percuteur;

4° La vis de percuteur;

5° Le tir-cartouche dans lequel on distingue: le corps, la coulisse, le talon, les œils de la charnière, la languette qui se raccorde avec la chambre et dont la feuillure sert à retirer la cartouche;

6° Le ressort de culasse mobile.

2° PLATINE.

La platine, mécanisme destiné à produire la percussion sur la tête du percuteur qui la transmet à la capsule, se compose de dix pièces:

1° Le corps. — On y distingue le devant, le milieu, la queue, les trous taraudés des deux vis de bride, les trous non taraudés de l'arbre de la noix, de la grande vis de platine et des pivots de ressort et de gâchette; l'entaille pour la vis-crochet de platine; l'épaulement dans lequel s'engage la patte du ressort.

2° Le ressort qui se compose de deux branches. La grande branche, moteur du mécanisme, dans lequel on distingue : la griffe, sa fente et le cul du ressort. — La petite branche qui fait fonction de ressort de gâchette et dans laquelle on remarque : le rouleau, le pivot et la patte;

3° La chaînette. — On y remarque : le corps, les deux doubles pivots.

4° La noix. — On y distingue : 1° le corps qui comprend : le cran du bandé, le cran de sûreté, l'entaille de la chaînette, la griffe, l'embase, le talon; 2° l'arbre qui se termine par le six-pans; 3° le pivot;

5° La vis de noix;

6° La bride de noix dans laquelle on distingue : le corps, les deux cylindres;

7° et 8° Les deux vis de bride. — La vis supérieure est marquée d'un coup de pointeau sur la tête;

9° La gâchette qui comprend : le corps, le double pivot, le bec et la queue;

10° Le chien, dans lequel on distingue : le corps et son trou à six pans, la tête et son évidement, la crête quadrillée.

3° MONTURE.

La monture se divise en trois parties :

1° Le fût; 2° La poignée; 3° La crosse.

1° Le fût. On y distingue : le logement du canon, le logement de la boîte de culasse et de sa queue, les oreilles, les embases de la grenadière et de la capucine (la carabine n'a qu'une embase de grenadière), le canal de la baguette, les encastrements des ressorts de garniture ainsi que les trous de goupille de ces ressorts, l'encastrement de la rosette et les trous des vis de platine de culasse et de la goupille du battant de sous-garde ;

2° La poignée. On y remarque : l'encastrement de la platine, l'encastrement de l'écusson ;

3° La crosse. On y distingue : le busc, le trou de la vis à bois de sous-garde, l'encastrement de la plaque de couche, le bec de la crosse, le talon.

La crosse de la carabine a, en outre, un encastrement pour le battant de sous-garde.

4° GARNITURES.

Les garnitures se subdivisent de la manière suivante :

1° La baguette. Sa tête, le trou destiné à recevoir la broche, sa tige, le bout fileté ;

2° Le ressort de baguette, le cuilleron et le pontet, la goupille de ce ressort ;

3° L'embouchoir et son ressort ;

4° La grenadière et son ressort ;

5° La capucine et son ressort (la carabine n'a pas de capucine) ;

6° La rosette, sa bouterolle ;

7° La sous-garde qui comprend : l'écusson, le pontet, le battant de sous-garde et la détente ;

Dans l'écusson, on distingue : le taquet et son trou taraudé pour recevoir le bout de la baguette, la bouterolle et son trou taraudé pour la vis de culasse, les fentes, les ailettes, les élévations, le trou fraisé pour la vis de sous-garde.

Le pontet comprend : le corps, les nœuds

antérieur et postérieur, la fente, le crochet à bascule.

Le battant de sous-garde comprend : le pivot, l'anneau et les rosettes, le rivet et la goupille.

La détente comprend : la lame, la queue et le trou pour le passage de la vis de détente qui lui sert de pivot.

La sous-garde de la carabine n'a pas de battant de sous-garde, il est remplacé par un battant de crosse ; le pontet est maintenu sur l'écusson par une vis de pontet.

8° La plaque de couche;

9° Les vis à bois, au nombre de quatre, savoir : les deux vis de plaque de couche; la vis de sous-garde et la vis-crochet de platine.

Dans la carabine, il y a, en outre, les deux vis à bois du battant de sous-garde.

10° Deux vis à écrou, savoir : la vis de culasse et la grande vis de platine.

5° BAIONNETTE ET SABRE-BAIONNETTE.

La baïonnette comprend :

1° La douille ; — l'embase qui sert d'appui à la virole, le pontet, les fentes, l'étouteau ;

2° La virole ; — le pontet, l'arrêtoir, le taquet, les rosettes ;

3° La vis de virole ;

4° Le coude ;

5° La lame ; — les gouttières, les côtés, l'arête, l'évidemment, la pointe, le talon.

SABRE-BAIONNETTE.

Le sabre-baïonnette se divise en trois parties principales, savoir :

1° *La monture*; 2° *la lame*; 3° *le fourreau*.

1° La monture. Elle comprend deux parties :

La poignée : on y distingue le pommeau, les cordons, les rainures, les logements du ressort et du poussoir, le poussoir, le ressort et sa vis;

La croisière; on y distingue : la douille, le quillon de la douille et la branche pleine.

2° La lame. On y distingue : la soie, le talon, le dos, les pans creux, le tranchant, le biseau, la pointe.

3° Le fourreau. On y distingue le corps, le pontet, la cuvette et les battes, le fond, les deux rivets, le bouton.

ACCESSOIRES.

Le nécessaire d'armes se compose de :

1° La boîte, dans laquelle on remarque le fond percé d'une fente pour la lame du tourne-vis, le tampon en bois;

2° L'huilier comprenant le vase à huile, la vis-bouchon et la rondelle en cuir;

3° La lame du tourne-vis.

4° Le bourre-noix; — sa tête percée d'un trou pour recevoir le pivot de la noix;

5° Le chasse-noix;

6° La trousse en drap présentant trois compartiments pour la lame de tourne-vis, le bourre-noix et le chasse-noix.

Le monte-ressort comprend : le corps, sa griffe et sa fente; la barette, sa dentelure, son quadrillage; la petite vis; la grande vis, sa tête et ses filets.

RENSEIGNEMENTS DIVERS.

La cartouche se compose de quatre parties principales :

1° L'étui ou douille qui comprend le culot amorcé et le tube ;

2° La poudre;

3° La rondelle qui sépare la balle de la poudre;

4° La balle.

	fusil.		carabine.	
Poids de la balle	36 gr.		48 gr.	
Poids de la poudre	4	50	5	
Poids de la douille et de la rondelle	7	50	7	50
Poids total de la cartouche.	48 gr.		60	50
Poids de l'arme sans baïonnette	4 kil.350		4 kil. 650	
Poids total, avec baïonnette	4	660	5	125
Longueur de l'arme, sans baïonnette	1 m.	42	1 m.	26
Longueur de l'arme, avec baïonnette	1	93	1	82

DEUXIÈME PARTIE.

DÉMONTAGE, REMONTAGE ET ENTRETIEN DU FUSIL.

L'entretien des armes par les soldats comprend deux parties :

1° Le démontage et le remontage ;

2° Le nettoyage et le graissage.

1° DÉMONTAGE ET REMONTAGE.

(Le chien est au cran de bandé.)

Ordre suivant lequel on doit démonter pour nettoyer :

1° La baïonnette ou le sabre-baïonnette ;
2° La bretelle ;
3° La baguette ;
4° L'embouchoir ;
5° La grenadière ;
6° La vis de culasse ;
7° La capucine ;
8° Le canon muni de sa culasse mobile ;
9° La grande vis de platine ;
10° La rosette ;
11° La platine ;

12° La goupille de battant de sous-garde ;
13° La vis de sous-garde ;
14° La sous-garde ;
15° Le pivot du battant de sous-garde ;
16° Le pontet ;
17° La vis de détente ;
18° La détente ;

} Ces pièces ne seront démontées que sur l'ordre d'un sous-officier ou d'un officier.

Les pièces doivent être rangées par ordre au fur et à mesure qu'on les démonte.

Ordre à suivre pour démonter les pièces qui composent le canon.

Ces pièces peuvent être démontées sans que le canon soit séparé de la monture. {

1° La vis-arrêtoir de broche ;
2° La broche ;
3° La culasse mobile ; {
1° La vis de percuteur, qui ne doit être desserrée que de deux filets *au plus ;*
2° Le percuteur ;
3° Le ressort du percuteur ;
}
4° Le tire-cartouche ;
5° Le ressort de culasse mobile ;

6° La vis-bouchon de bouton-arrêt ;
7° Le ressort de bouton-arrêt ;
8° Le bouton-arrêt.

} Ces pièces ne seront démontées que très-rarement.

Ordre à suivre pour démonter la platine.

(Le chien est au cran de sûreté.)

1° Le ressort ;
2° Les deux vis de bride ·

3° La bride;
4° La gâchette;
5° La vis de noix;
6° La noix et le chien;
7° La chaînette.

Le remontage s'opère dans l'ordre inverse du démontage.

Les pièces non indiquées dans cette nomenclature ne doivent jamais être démontées par le soldat; elles sont nettoyées en place.

Observations.

La grenadière et le battant de sous-garde sont marqués d'un coup de pointeau à la partie supérieure, pour éviter que le soldat ne les mette en sens inverse en remontant l'arme.

Pour détacher le canon, renverser l'arme dans la main gauche, la sous-garde en dessus, la bouche du canon vers la terre, frapper avec la main droite sur la poignée, jusqu'à ce que le canon soit dégagé de son canal et le maintenir avec les doigts de la main gauche vers la boîte de culasse.

On ôte le ressort de platine à l'aide d'une pression modérée faite avec le monte-ressort; on le remet par une opération inverse quand on veut remonter la platine.

En démontant la platine, cesser de serrer le monte-ressort aussitôt que le chien peut ballotter, ou dès qu'il est possible de dégager la chaînette avec le doigt; quand on remonte la platine, serrer le monte-ressort seulement d'une quantité suffisante pour que le ressort puisse être mis en place, le chien étant abattu. Dans l'une et dans l'autre opération, les branches ne doivent pas être aussi rapprochées que quand le chien est armé.

Les deux vis de bride ont même grosseur et même largeur ; cependant il importe de ne pas les confondre. Pour les distinguer, on marque d'un coup de pointeau comme point de repère la vis supérieure et le cylindre correspondant de la bride.

Pour séparer la noix du chien, engager le chasse-noix par son petit bout dans le trou de la vis de noix et frapper sur le gros bout avec le nécessaire du côté opposé à la fente.

Pour remonter la platine, placer le chien de manière que l'extrémité de la griffe de la noix soit sur le prolongement de la crête du chien. Engager à fond le six-pans de la noix dans celui du chien en coiffant le pivot de la noix avec le bourre-noix et en frappant à petit coup sur le bourre-noix, le chien étant appuyé sur le bout d'une table, d'un banc, etc.

Pour replacer la chaînette, engager dans l'encastrement de la noix le double pivot le plus court, de manière que la plus courte partie de l'autre double pivot soit du même côté que le six-pans.

Pour ôter la goupille de battant de sous-garde, on se sert du bourre-noix.

Lorsqu'on les remet en place, on place le petit bout du chasse-noix dans la fraisure de la tête et l'on frappe sur le gros bout à petits coups avec le nécessaire en ayant soin de faire arriver bien exactement la tête de la goupille dans son encastrement.

Pour séparer la culasse mobile du canon, après avoir retiré la vis-arrêtoir de broche, on se sert de la lame du tourne-vis qu'on engage dans l'échancrure de la tête de la broche, ce qui permet de l'enlever.

Pour la remonter, on réunit le tire-cartouche à la culasse mobile, on met ces deux pièces en place et on les y maintient à l'aide de la broche, qui n'est enfoncée qu'à moitié ; on engage alors le ressort de culasse mobile dans le logement de l'oreille postérieure, on achève de le mettre en place et d'enfoncer la broche, l'échancrure en dehors. On termine par le placement de la vis-arrêtoir de broche.

Règles générales à observer.

Le soldat ne doit jamais frapper aucune pièce de ses armes avec le nécessaire ou avec tout autre objet en fer, parce qu'il occasionnerait ainsi des mutilations.

Les pièces de la platine et de la sous-garde ne doivent être démontées que sur l'ordre d'un sous-officier ou d'un officier, et cet ordre ne doit être donné que lorsque le démontage est reconnu indispensable.

Il est absolument interdit de chercher à séparer le canon et la boîte de culasse dans l'intérieur des compagnies, sous quelque prétexte que ce soit. En replaçant la platine sur le bois, il est essentiel de bien serrer à fond la grande vis, ainsi que la vis de culasse, afin de conserver la relation pour la percussion entre la tête du chien et la tête du percuteur. — Pour la même raison, le chien doit toujours être à fond sur le six-pans de la noix.

En général, toutes les vis doivent être serrées à fond. Il faut agir avec ménagement sur la vis de détente, afin de ne pas gêner le jeu de cette pièce. S'assurer toujours que la détente ou la gâchette jouent librement avant de remettre la sous-garde ou la platine sur le bois.

La plaque de couche, les ressorts de garniture et le battant de crosse de la carabine doivent toujours être nettoyés en place.

Il est interdit d'ôter les vis de plaque de couche.

2° NETTOYAGE ET GRAISSAGE.

Canon.

A la suite de chaque séance de tir, l'arme a besoin d'être nettoyée ; après avoir exécuté le démontage ordinaire, et séparé la culasse mobile de sa boîte, le premier soin doit être le lavage du canon.

Attacher un morceau de chiffon à l'extrémité d'une baguette en bois et l'introduire dans le canon, plonger la bouche du canon dans de l'eau contenue, si c'est possible, dans un baquet en bois, pour ne pas dégrader le canon, imprimer à la baguette un mouvement de va-et-vient ; changer l'eau jusqu'à ce que, tous les résidus de poudre étant enlevés, l'eau sorte du canon aussi claire qu'en y entrant. Faire ensuite égoutter le canon, la bouche en bas, enlever le linge mouillé et le remplacer au bout de la baguette par un linge sec pour essuyer l'âme ; changer le linge jusqu'à ce qu'il ne reste plus aucune trace d'humidité : essuyer ensuite l'extérieur du canon, la boîte de culasse et toute la chambre avec le plus grand soin.

Le canon lavé et essuyé, graisser l'intérieur avec un chiffon gras attaché au bout de la baguette en bois, passer la pièce grasse sur toutes les parties extérieures du canon.

Culasse mobile.

Les pièces de la culasse mobile sont aussi nettoyées avec soin : essuyer le tire-cartouche, le percuteur et les ressorts dans toutes leurs parties, s'assurer que le percuteur fonctionne bien dans son logement avant de remonter la culasse mobile sur le canon ; la vis de percuteur ne devant jamais être enlevée, sera nettoyée sur place.

Mettre ensuite une goutte d'huile à la tige du percuteur, au bouton-arrêt et à la charnière de la culasse mobile.

Platine.

Lorsque la platine n'a pas besoin d'un nettoyage à fond, et qu'elle peut être mise en état sans être démontée, l'essuyer soigneusement avec un linge sec, en enlevant la vieille graisse à l'aide de curettes, nettoyer la fraisure du chien avec un linge humide, et l'essuyer ensuite avec un linge sec.

Graisser la platine extérieurement avec la pièce grasse, intérieurement avec une brosse douce frottée sur la pièce grasse, enfin mettre une goutte d'huile au rouleau du ressort, aux crans de la noix, aux pivots de la chaînette, de la noix et de la gâchette.

Monture.

Essuyer la monture avec un linge sec, et, au besoin, la frotter avec un morceau de drap imbibé d'huile.

Baïonnette.

Essuyer la lame et la graisser ; mettre une

goutte d'huile à la virole, après avoir graissé la douille à l'intérieur et à l'extérieur.

Pièces en fer ou en acier non rouillées.

Les frotter avec un linge sec, puis les passer à la pièce grasse.

Pièces rouillées.

Si les pièces sont légèrement rouillées, les frotter avec un linge couvert de brique brûlée, pulvérisée, tamisée et délayée dans de la graisse. Si les pièces sont fortement rouillées, employer l'émeri préparé comme la brique, et frotter avec des curettes de bois tendre ou avec une brosse rude, essuyer ensuite les pièces avec un linge sec et ne jamais laisser ni émeri, ni brique, ni aucune autre substance dans les trous des vis ou dans les encastrements. Quand on frotte le canon ou la baïonnette, les poser à plat sur une table ou sur un banc, afin de ne point les fausser ; finir par le graissage des pièces.

Pièces en cuivre.

La poignée du sabre-baïonnette se nettoie avec du tripoli ou de la brique pilée et un peu de vinaigre ou d'eau-de-vie. Frotter avec un linge ou un morceau de drap, jamais avec une brosse ou une curette.

Observations.

Le poli brillant pour les pièces en fer et en acier est expressément défendu ; les pièces, légèrement onctueuses, doivent être d'un blanc mat.

On aura soin de mettre une goutte d'huile à toutes les pièces qui éprouvent un frottement.

Dans les chambres, les armes ne seront jamais chargées ; le chien sera au cran de sûreté dans les chambres, comme à l'exercice.

ÉCOLE DES TIRAILLEURS.

Modifications apportées à l'article III, DES FEUX.

107. Les feux se font de pied ferme ou en marchant.

Feu de pied ferme.

108. Pour faire exécuter ce feu, le capitaine commandera :

A tant de mètres.

COMMENCEZ LE FEU.

109. A ce commandement, vivement répété, les hommes feront feu sans se régler les uns sur les autres, et sans se presser (1).

110. Les tirailleurs devront ajuster avec la plus grande attention et avoir beaucoup de calme : ils devront surtout aussi s'efforcer de bien apprécier la distance qui les sépare de l'objet qu'ils voudront atteindre, afin de tirer avec certitude ; ils seront guidés dans cette appréciation par les officiers et les sous-officiers, qui feront modifier les hausses toutes les fois que ce sera nécessaire.

---

(1) Le principe, admis jusqu'ici, de conserver une arme chargée sur deux, cesse d'exister par suite de la rapidité du chargement des nouvelles armes.

111. On recommandera aux tirailleurs de s'abriter le plus possible des feux de l'ennemi, soit en prenant les positions du tireur à genou ou couché, soit en se masquant par un obstacle quelconque; lorsqu'ils seront obligés de se tenir debout, ils ne resteront pas immobiles à la même place.

Feu en marchant.

112. Ce feu s'exécutera au même commandement que le feu de pied ferme.

113. Au commandement de : *à tant de mètres, commencez le feu*, si la ligne marche en avant, elle s'arrêtera : les tirailleurs qui apercevront distinctement l'ennemi feront feu et chargeront leurs armes; tous se porteront ensuite en avant, à 25 ou 30 pas, s'arrêteront et tireront de nouveau; le feu continuera ainsi, les tirailleurs ayant soin de rester liés les uns aux autres et, tout en cherchant à se couvrir, de conserver autant que possible l'alignement général.

114. Si la ligne marche en retraite, au commandement de : *à tant de mètres, commencez le feu*, la ligne s'arrêtera et fera face à l'ennemi : les tirailleurs qui apercevront distinctement l'ennemi feront feu et chargeront leurs armes; tous se porteront ensuite en arrière à 25 ou 30 pas, s'arrêteront et tireront de nouveau; le feu continuera ainsi, les tirailleurs ayant soin de rester liés les uns aux autres, comme pour le feu en avançant.

115. Il peut être avantageux, surtout dans les terrains couverts ou accidentés, que le feu en retraite soit exécuté par échelons : dans ce cas, le capitaine commandera :

Par échelons, à tant de mètres.
COMMENCEZ LE FEU.

A ce commandement, la 1re demi-section s'arrêtera, fera face à l'ennemi et commencera le feu de pied ferme, la 2e demi-section continuant à marcher ; celle-ci, ayant parcouru 40 ou 50 pas selon le terrain, s'arrêtera et fera face à l'ennemi. Dès que la 1re demi-section verra la 2e arrêtée, elle cessera le feu et se portera vivement en arrière pour démasquer la 2e, qui commencera aussitôt le feu de pied ferme, au commandement de : *à tant de mètres commencez le feu.* — Le feu continuera ainsi alternativement par les deux demi-sections.

116. Si la ligne marche par le flanc vers la droite ou vers la gauche, au commandement de : *à tant de mètres commencez le feu*, la ligne s'arrêtera et fera face à gauche ou à droite : les tirailleurs qui apercevront distinctement l'ennemi feront feu ; tous se remettront ensuite en marche, chargeront en marchant, s'arrêteront de nouveau à 25 ou 30 pas pour tirer, et le feu continuera ainsi.

117. Les règles précédentes s'appliqueront à une ligne de tirailleurs commençant le feu quand déjà elle est en marche; mais, une fois le feu commencé, le capitaine pourra se trouver dans la nécessité de faire exécuter divers mouvements de marche ; il fera observer les règles suivantes :

118. La ligne faisant feu de pied ferme ou par le flanc, au commandement : ***tirailleurs en avant, marche,*** les tirailleurs se porteront tous en avant et exécuteront le feu d'après les principes du feu en avançant, no 113.

119. La ligne faisant feu de pied ferme, ou en avançant, ou par le flanc, au commandement : *tirailleurs en retraite, marche*, les tirailleurs se conformeront aux principes du feu en retraite, n° 114.

120. La ligne exécutant le feu, soit de pied ferme, soit en avançant, soit en retraite, au commandement : *tirailleurs par le flanc droit* (ou *gauche*), *marche*, les tirailleurs se conformeront aux principes du feu par le flanc, n° 116.

Observations relatives aux feux.

121. On habituera les tirailleurs à charger leurs armes en marchant.

122. On les exercera à charger et à tirer à genou, couchés, assis, accroupis, en les laissant libres de prendre ces positions de la manière qui leur sera la plus commode.

123. Les hommes d'un même groupe ne devront pas tirer tous à la fois, en commençant le feu ; il sera quelquefois utile, pour ménager les munitions et régler l'intensité du feu, de ne faire tirer qu'un certain nombre d'hommes de chaque groupe ; dans ce cas, le capitaine commandera :

A tant de mètres, un, deux ou trois hommes par groupe.

COMMENCEZ LE FEU.

A ce commandement, les hommes désignés feront feu ; dans le feu de pied ferme, les hommes qui ne tireront pas s'abriteront le mieux possible ; dans les feu en avant, en retraite ou par le flanc, les hommes désignés pour tirer se tiendront hors du rang du côté de l'ennemi.

124. Dans la marche en retraite, l'officier commandant les tirailleurs doit profiter de tous les obstacles et avantages que le terrain présente pour arrêter l'ennemi le plus longtemps possible.

125. Le capitaine fera cesser le feu par la batterie ou la sonnerie indiquée à cet effet (1) : A ce signal, les soldats cesseront de tirer, et ceux qui n'auront pas leurs armes chargées les chargeront ; si la ligne est en marche, elle continuera son mouvement.

126. Quand la ligne exécutera le feu en marchant en avant, en retraite, ou par le flanc, au commandement de *halte*, l'alignement général sera repris suivant le terrain.

127. La surveillance des officiers sur une ligne de tirailleurs ne saurait être trop active ; ils ne feront usage, au combat, ni de carabine, ni de fusil ; dans tous les feux, ils veilleront, ainsi que les sous-officiers, au maintien de l'ordre et du silence ; ils empêcheront les tirailleurs de s'écarter imprudemment ; ils leur recommanderont surtout, pour éviter une consommation dangereuse de cartouches, le calme, le sang-froid et de ne faire feu que lorsque, étant à bonne portée, ils apercevront distinctement l'objet qu'ils veulent atteindre. Les tirailleurs devront profiter avec intelligence de tous les abris, de tous les accidents de terrain, pour se dérober à la vue de l'ennemi et se couvrir de ses feux. Il arrivera

---

(1) Dans une ligne de tirailleurs composée de plusieurs compagnies, chacun des capitaines n'emploiera les batteries ou sonneries que lorsqu'il n'aura pas à craindre d'induire en erreur les tirailleurs des autres compagnies.

souvent que les intervalles seront momentanément perdus, lorsqu'un abri deviendra commun à plusieurs hommes voisins; mais quand le moment sera venu de le quitter, et pour ne pas rester en groupe exposés au feu de l'ennemi, ils devront se hâter de regarnir la ligne en reprenant leurs intervalles, ce qui ne rend pas les principes de cette instruction d'une application invariable.

La mort des chefs d'une troupe pouvant apporter du désordre dans ses rangs, on recommandera aux meilleurs tireurs de viser de préférence les chefs ennemis.

Dans les exercices, on fera toujours représenter l'ennemi par quelques hommes.

PARIS.— IMPRIMERIE COSSE ET J. DUMAINE, RUE CHRISTINE. 2.

www.ingramcontent.com/pod-product-compliance
Ingram Content Group UK Ltd.
Pitfield, Milton Keynes, MK11 3LW, UK
UKHW021027180726
13838UKWH00004B/1643